기록관리직군을 위한 직제 모형

A Model Scheme of Service for a Records and Archives Class

김명훈 역 | 한국국가기록연구원 감수

진리탐구

기록관리직군을 위한 직제 모형

옮긴이   김명훈
감 수   한국국가기록연구원
펴낸이   조 현 수
펴낸곳   도서출판 진리탐구

초판 1쇄 인쇄 2006년 08월 24일
초판 1쇄 발행 2006년 08월 28일

주   소   서울특별시 마포구 도화동36
           고려아카데미텔Ⅱ 1313호 (121-876)
전화번호   02) 703-6943, 4
전송번호   02) 701-9352

출판등록일   2004년 06월 11일
출판등록번호 제 313-2004-000148호

ISBN   89-8485-137-X

※ 잘못된 책은 바꿔드립니다. 가격은 표지에 있습니다.

한국국가기록연구원이 ICA와 협력하여 국제기록관리 IRMT가 개발한 교재를
한국국가기록연구원이 번역한 것입니다. 따라서 한국어판 저작권은
한국국가기록연구원이 소유하며 출판권은 도서출판 진리탐구에 있습니다.
이 책에 있는 어떤 내용도 허락없이 사용하거나 복사배포하는 것을 절대 금합니다.
(모든 저작권은 보호받습니다.)

발간사

　지금으로부터 8년 전 한국국가기록연구원이 출범하였다. 지난 시간을 회고해보면 아쉬움도 있고 또 앞으로 해야 할 일도 산적해 있다. 그러나 한편으로는 나름대로의 뿌듯함을 느끼기도 한다. 시민기록문화전, 기록문화 시민강좌 개설, 심포지엄, 한림기록문화상 제정, 한국기록학회 조직, 월례발표회, 한국기록관리학교육원 개원 등등, 모두가 우리의 기록문화 발전에 초석이 될 것임은 분명하다.

　연구원의 출범과도 무관치 않지만 우리의 기록문화에 또 하나의 이정표라고 할 수 있는 것은 기록물관리법령의 제정이다. 법령의 제정으로 이제 우리도 현대적 기록관리체제에 들어갔다고 말할 수 있게 되었다. 그러나 법령의 제정이 바로 실시로 이어지지는 않는다. 죽어있는 법령이 얼마나 많은가. 새로운 법령이 제정되면 이에는 크고 작은 '저항과 편승'이 있기 마련이다. 새로운 기록관리법령에 대한 '저항'은 현재 공공기관 내부에 잔존해 있다. 작년 기록물관리전문요원이 채용되어 중앙행정기관에서 기록관리를 담당하고 있지만, 일선 행정부처 내에 잔존해 있는 그동안의 타성 내지 기록 경시풍토 또한 만만치 않다. 아울러 현재 전문요원 양성을 위해 10여개 대학원에 기록관리학 대학원과정이 운영되고 있따. 물론 모두가 기록관리분야 전반을 위해서는 발전적인 변화이다. 그러나 그 내실을 보면, 즉 교수, 교재, 참고도서, 실습실 등의 면에서 보면 부실하기 짝이 없는 경우도 있다. 이는 새로운 법령에 대한 '편승'이라고 할 수 있다.

　그러나 '저항과 편승'을 탓하고만 있을 수는 없다. 사실 '저항과 편승'의 가장 큰

원인은 기록관리에 대한 이해의 부족일 것이다. 이를 위해 연구원은 과감히 ICA 총서 시리즈를 번역하기로 결정하였다. 단순한 번역은 아니다. 권수로도 30권이 넘는다. 양도 양이거니와 여러 사람이 나누어 번역할 수밖에 없기에 통일성을 기하기가 무척 어려우리라 예상된다. 그럼에도 불구하고 한국 기록관리학의 기초를 놓는다는 심정으로 번역을 시작하였다.

본 총서시리즈는 국제기록관리재단(International Records Management Trust)과 ICA에서 공동으로 추진한 결과물로, 국제적으로 널리 이용될 수 있는 최선의 기록관리 업무 방식 도출을 목적으로 하였다. 또한 기록관리 전문가 외에도 체계적으로 기록학에 접근하지 못했던 사람들에게 학습모듈을 제공하려는 의도에서 만들어졌다. 이 때문에 기록관리시스템이 불충분하거나 적절한 기록관리 교재와 교육인프라가 결핍된 국가에게는 유용한 교재가 될 것이다.

기록관리 분야의 실무와 학문이 발전일로에 있는 우리나라에서도 이 교재의 보급이 시급함은 물론이다. 앞으로 이 학습교재가 공공부문의 기록관리전문가를 위해서뿐만 아니라 민간부문에서도, 그리고 아키비스트의 업무능력과 전문성을 높이는 데에서도 널리 활용되기를 바란다.

본인은 2000년 9월, 연구원을 대표하여 스페인 세빌리아에서 개최된 ICA총회에 참석하였다. 회의 규모의 크기에도 놀랐지만 개최국의 선진적 기록관리 및 보존에도 놀랐다. 아시아에서는 유일하게 1996년 중국의 북경에서 개최되었다고 하니 중국의 문화적 깊이를 보여주는 듯하다. 한국의 서울에서 ICA총회가 열릴 기록관리 선진국을 기대하며, 본 역서가 그런 기대에 일조하기를 바라마지 않는다.

본 역서를 내면서 감사드려야 할 분들이 있다. 먼저 한국국가기록연구원의 참뜻을 이해하여 저작권에 대한 비용을 과감히 포기해준 ICA 관계자 여러분들에게 감사의 뜻을 표하고자 한다. 또 상업성을 떠나 선뜻 출판을 맡아주신 진리탐구의 조현수 사장님 및 편집부 일동에게 진심으로 감사드린다. 마지막으로 그다지 좋지 못한 조건에도 불구하고 번역을 흔쾌히 맡아주신 번역자 여러분들에게 깊은 감사를 드린다.

김학준(한국국가기록연구원 원장)

● 역자 서문

한 국가의 기록관리가 순조롭게 운영되기 위해서는 기록관리법령 및 각종 규정, 기록관리기관과 같은 국가 기록관리를 위한 제도적 인프라가 구축되어야 한다. 하지만 이러한 제도적 인프라를 운영할 기록관리 전문인력이 부재하다면, 기록관리 인프라가 제아무리 잘 구축되었던들 사상누각에 불과하다고 할 수 있다. 기록물의 생산량이 얼마 되지 않은 상황에서는 그리 큰 문제가 되지는 않겠지만, 통제할 수 없을 정도로 방대하면서도 복잡한 기록물 생산 환경에서는 기록관리 전문인력의 양성 및 확보가 국가 기록관리의 성패를 좌우하는 핵심 관건으로 자리하게 된다. 특히 최근 들어 가속화되는 전자기록 환경에서 기록관리 전문인력의 중요성은 예전에 비해 더욱 더 증대되고 있는 추세이다.

이번에 번역된 『기록관리직군을 위한 직제 모형』(A Model Scheme of Service for a Records and Archives Class, ICA & IRMT, 1999)은 한 국가의 기록관리 전문인력을 확보하기 위한 공무원 체계 내의 직제 모델을 제시해준다. 본 서에서는 이러한 모델로 8단계의 위계로 구성된 직제를 참조 모형으로 제안하고 있다. 기록관리 실무직으로부터 기록관리 관리직에 이르는, 8급 기록관리서기보에서 1급 기록관리관리관까지의 직급체계는, 각 직급에 맞는 기록관리 전문도 및 숙련도를 토대로 기록관리 업무를 배분함으로써 전체적으로는 하나의 완전한 국가 기록관리 업무수행을 가능케 해준다. 또한 각 직급별 담당하게 되는 업무의 내용과 더불어, 교육 및 업무숙련도 수준, 승급체계까지 제시해 줌으로써, 기록관리직제 수립시 벤치마크할 수 있는 훌륭한 모델을 제시해주고 있다.

본 서에서는 이와 같은 기록관리체제 수립의 목적을 다음과 같은 세 가지로 요약한다. 첫째, 기록관리직군 내 공무원을 능력 및 사명의식, 경력 등에 따라 적제적소의 직급에 배치할 수 있게 한다는 점이다. 둘째, 국가 기록관리와 관련된 통일화된 업무 표준 및 절차, 직무능력을 담보할 수 있게 한다는 점이다. 셋째, 직무적 표준을 유지시키기 위한 교육·훈련 수준, 승진기준 등과 같은 실질적인 자격요건을 규정하기 위함이다. 이러한 목적을 토대로 기록관리직군의 수립시 가장 염두에 두어야 할 사항은, 국가 공무원 체계 내 독립된 직군으로 형성되어야 한다는 점이다. 이래야만 국가 기록관리를 위한 책임성 및 전문성을 확보함과 더불어, 현용 및 준현용, 비현용기록물을 포괄하는 통합된 국가 기록관리체제 수립을 위한 기초를 형성하게 된다는 것이다. 나아가 이러한 직제는 직무 및 업무기술상의 연속성과 더불어, 기록물의 생산부터 폐기 내지 항구적 보존에 이르는 기록관리상의 책임성 확보에 필요한 조직구조를 창출케 할 수 있다는 것이다.

우리나라에서도 기록관리 전문인력의 자격요건 및 배치를 둘러싸고 장기간의 인고를 거쳐왔다. 1999년 공공기관의기록관리에관한법률 시행령에서 우리나라 국가 기록관리의 전문성 확보를 지향한 기록관리 전문인력의 자격을 규정하였지만, 국가기록원의 자격 규정 완화 방안 및 일부 문헌정보학계의 반발로 그동안 전문인력의 배치는 한없이 연기되어 왔다. 이러한 산고를 거쳐 지난해 7월 다행히 중앙행정부처에 49명의 기록물관리전문요원 배치가 이루어졌다. 이는 우리나라 기록관리 역사상 국가 기록관리의 전문화를 추진하고 제도를 안착시키는데 가장 획기적인 발판을 마련한 사건으로 평가할 수 있다. 각 행정부쳐 내의 기록관리 중요성에 대한 인식은 만연되어 있지 않고 기록관리에 대한 부처 내의 반발력 또한 크지만, 이에 대한 기록물관리전문요원의 응전 역시 만만치 않다. 국가 기록관리의 원활한 수행 및 이를 기반으로 한 진정한 민주주의 실현의 꿈은 머지않아 현실화될 것으로 믿어 의심치 않는다.

다만 본 역서를 빌어 역자 나름의 소견 내지 소박한 희망을 피력한다면, 우리나라 공무원 직제에 기록관리직군이 독립 직군으로 수립되었으면 하는 바람이다. 현실적인 정황을 감안해 두 직급 체계를 갖춘 기록연구직렬로 일단 수립되었지만, 장기적으로 볼 때 9급부터 1급에 이르는 단일화된 독립 직군체제를 수립할 필요성이 있을 것으로 사료된다. 최근의 기록관리 환경에서는 아키비스트만의 전능을 통해 기록관리가 수행될 수 없기 때문이다. 현재 기록물관리전문요원 외 나머지 기록관리 담당자 및 관리자들은 대부분 순환 보직의 일반직 공무원임을 감안할 때, 라이프사이클을 아우르는 기록관리 업무의 전문성 및 연속성을 확보하기 힘들다. 특히 전자기록 환경 속에 기록관리와 연관된 다양한 이해당사자 그룹간의 협력 및 공조가 더욱 중요해지고 있는 상황을 감안할 때 독립 직군의 수립은 더욱 절실히 요구된다고 할 수 있다.

분량이 얼마 되지 않는 본 역서가 나오기까지 오랜 시간이 지났다. 전적으로 역자의 게으름 탓이다. 독자들의 너그러운 이해를 바라며, 아무쪼록 향후 독립된 기록관리직군의 수립에 참조가 되었으면 하는 바람이다.

어영부영 평생 가약을 맺었지만 살면 살수록 애뜻한 정이 드는 것이 진정한 사랑이라고 어디선가 들은 것 같다. 이와 비슷하게 어영부영 기록학에 몸을 담았지만 어느덧 반 십년이 훌쩍 넘어버린 지금 마음속 깊은 열의와 애정이 커가고 있음을 느낀다. 하루하루의 삶을 추스르며 더욱 더 매진해야 할 것 같다.

2006년 7월
역자 김명훈

차례

1. 도입   11
2. 기록관리직제 수립의 목적   13
3. 기록관리직제 수립의 기본 전제   15
4. 기록관리직군의 기능   17
5. 기록관리직제 구조   19
6. 기록관리직제내 직급별 책무   21
7. 지원 자격 및 경력 요건   29
8. 기록관리직군을 위한 교육훈련   33

   [부록 1]   37

   [부록 2]   45

   [부록 3]   49

기록관리직군을 위한 직제 모형

본 매뉴얼은 기록관리 영역 전반에 걸친 실무상의 논점들을 소개코자 마련된 세 교육모듈중의 하나인 『기록관리 인프라개발』(Developing the Infrastructures for Records and Archives Services)과 병행하여 활용되도록 개발되었다. 물론 기록관리 부문의 직제를 신설할 예정이거나 직제 변경을 계획중인 국가의 경우에는 본 매뉴얼 자체만으로도 활용이 가능하다.

1. 도입

기록관리 부문의 직제를 논의하기 위해서는 공무원 직제에 대한 기본지식이 반드시 수반되어야 한다. 한 국가의 기록관리 업무는 공무원이 수행해야 할 주요 행정기능 중의 하나이다. 이를 감안할 때 기록관리 부문은 독립된 직제를 편성해야 할 당위성이 도출된다. 이러한 직제에는 직급체계 및 직급별 명칭이 규정되어야 하며, 아울러 직급에 따른 책무내역, 자격요건, 진급체계 등 역시 세부적으로 마련되어야 한다.

기록관리는 행정업무의 토대를 형성하는 핵심 기능이라 할 수 있다. 분류 및 검색, 보존, 처리일정표의 적용 등 전문적인 기록관리방법론을 바탕으로, 행정기관의 기록물과 관련된 제반 정책을 기획하고 집행함과 아울러 제반 절차를 감시·감독한다. 이는 비단 처리과의 현용기록물에 한해서만 해당하는 것은 아니며, 레코드센터의 준현용기록물 및 영구기록보존소의 비현용기록물에도 적용된다고 할 수 있다.

기록관리직군의 공무원은 소속기관의 일원으로서 활동하게 된다. 소속기관의 장은 해당기관의 상시적인 원활한 운영에 대해 책임을 지며, 기관의 목표를 달성하기 위해 휘하 직원을 조직화시키고 감시·감독하게 된다. 한편 기록관리직군의 장은 무엇보다 소속기관 기록관련 실무자에 대한 전문적인 교육훈련에 책임을 지닌다고 할 수 있다. 아울러 관련 부서와의 협의를 통해 기관간 기록관련 실무자의 인사이동에 관여하게 되며, 신규직원에 대해서는 기록관리업무 전반에 대한 교육훈련을 실시하게 된다. 결국 이러한 과정을 통해 해당기관의 효율적인 기록관리체제의 구축과 함께 그 운영을 담당하게 된다고 할 수 있다.

기록관리직군은 다양한 직급으로 구성되어 있다. 물론 이러한 직급 전체가 모든 기관에 필요로 되는 것은 아니며, 수행되는 기록관리업무의 수준에 따라 각 기관별로 필요한 직급이 배치되게 된다. 가령 본부기관의 경우 각 부서별 문서과마다 각기 기록관리주사(Records and Archives Supervisor)가 배치되지만, 지부의 경우에는 단 한명의 기록관리주사가 배치되어 산하 문서계를 관장하게 된다.

각 기관별로 필요하다고 판단되는 직급 및 그 명칭은 뒤의 '직급체계'에서 제시한 기준을 따르기를 권고한다. 또한 유사한 업무를 수행하는 자리라 할지라도 그 책임의 범위 및 업무량이 다르다면, 반드시 동일한 직급을 부여할 필요는 없다. 예를 들어 국립기록보존소의 열람서비스 책임자의 직급은 지방기록보존소의 동일업무 책임자보다 높을 수 있다. 마찬가지의 논리로, 다수의 문서과를 지닌 대규모 기관의 기록관리책임자는 단지 하나의 문서과만을 지닌 소규모 기관의 기록관리책임자에 비해 보다 상위의 직급으로 배정할 수 있다.

만일 기록관리직군의 지방직제가 마련되어 있다면, 지방자치단체의 기록관련 부서 및 지방기록보존소에 적용시킬 수 있을 것이다. 아울러 가능한 곳에서는, 직제내 일정 범주의 지방기록관리직군 관할책임을 지정된 지방관료에 위임할 수도 있다.

2. 기록관리직제 수립의 목적

기록관리직군을 위한 직제를 수립하는 주요 목적은 다음과 같다고 할 수 있다.

- 기록관리직군내 공무원을 능력 및 사명의식, 경력 등에 따라 적제적소의 직급에 배치
- 효율적인 기록관리 지원업무를 현행 기록관리법의 적용을 받는 모든 기관에 제공할 수 있는, 통일화된 업무표준 및 절차, 직무능력을 담보
- 직무적 표준을 유지시키기 위한 실질적인 자격요건(교육 및 훈련 수준, 승진기준)을 규정

기록관리 부문의 직제는 현용, 준현용 및 영구기록물로 일컫는 비현용기록물을 포괄하는, 통합된 국가기록물관리체제 수립을 위한 기초를 형성한다. 이러한 직제는 직무 및 업무기술상의 연속성과 더불어, 기록물의 생산부터 폐기 내지 항구적 보존에 이르는 기록관리상의 책임성 확보에 필요한 조직적 구조를 창출케 한다.

3. 기록관리직제 수립의 기본 전제

　기록관리직군은 공무원법(Civil Service Act) 등의 법령에 근거하고 관련 규정을 바탕으로 설치되는, 공무원 체계 내의 하나의 일반직군이다. 일반직군으로 임용된 공무원은 직군의 책임자 명을 통해, 기록관리법령상에 규정된 기관에 배치될 수 있다.

　국가기록물관리기구(The National Records and Archives Institution)의 장은 기록관리직군의 수반으로, 관계 법령에 근거한 기록관리직 공무원의 임명 책임을 담당하게 된다.

　기록관리직군의 수반은 기록관리서기보(Assistant Records and Archives Clerk) 및 기록관리서기(Records and Archives Clerk) 등 직군내 모든 실무직에 대한 임명권한을 갖는다. 이에 반해 고위직의 임명은 중앙인사위원회(The Public Service Commission) 등과 같은 기관에서 담당하는 것이 보통이다. 국가기록물관리기구는 주로 기록관리직군의 공무원들로 충원되지만, 기타 일반직 및 특정직 공무원들 역시 임명되기도 한다.

　국가기록물관리위원회의 장은 기록관리직군의 책임자 자격으로, 일반기관 및 지방자치단체, 지방의회에서 근무하는 기록관리직군의 교육훈련 역시 염두에 두어야 한다.

4. 기록관리직군의 기능

기록관리직군의 직무는 폭넓은 기록관리의 업무내역 및 다양한 전문영역을 포괄한다. 이러한 직무는 크게 두 영역으로 구분할 수 있다. 실제 기록물관리에 관련된 전문적인 기술(technical skill) 영역이 그 하나이며, 일반 행정기관 및 단체들과 연관되어 수행되는 조직관리 내지 운영부분이 나머지 하나의 영역이다.

각 직책별로 요구되는 이와같은 직무영역은 서로 혼재되어 다양한 양상을 지니게 된다. 기술적 측면에서 보자면, 단순기술자, 준전문가 및 전문가로 구분할 수 있다. 또한 조직관리 내지 운영적 측면에서 본다면, 실무자, 관리자 및 고위관리자로 구분할 수 있다.

기록관리직군내의 전문 인력이란 기록관리 직무에 관련된 교육을 이수하고 일정 소양을 갖춘 기관내 기록관련 담당자들로 한정지을 수 있다. 일반적 개념으로 볼 때 이들에게는 다음과 같은 능력 내지 자질이 요구된다고 할 수 있다.

- 정부의 변화하는 필요에 부합하는 기록관리시스템의 수립, 관리 및 운용
- 공공기관, 지방의회, 기타 단체들에 대한 전문적인 기록관리 업무의 수행 및 자문 제공

기록관리직군이 수행하게 되는 주요 직무분야는 다음과 같다고 할 수 있다.

- 기록물 접수 및 등록 통제
- 기록물 및 등록대장 관리
- 기록물의 편철 및 분류
- 일선기관, 레코드센터 및 영구기록보존소에 보존된 기록물의 보호, 통제 및 편찬
- 정보 및 기록물 검색을 촉진시키는 색인 및 기타 검색도구 마련

- 기록물에 내재된 내용정보의 확인 및 검색
- 휘하 직원의 관리
- 기록물처리일정표의 수립 및 시행
- 기록물의 보존처리 및 수리, 복원
- 기록관리시스템의 고안 및 운용

아울러 기록관리직군이 활동하게 되는 분야는 크게 세 범주로 구분할 수 있다.

- 국가기록물관리기구 본부
- 기록관리법령에 명시된 기능을 수행하는 지역별 기록관리기관
- 기록관리법령의 적용을 받는 기관 내지 단체의, 문서과 등과 같은 기록관리단위

5. 기록관리직제 구조

기록관리직군의 직제 구성은 다음과 같다.

구분	직급	직 급 명 칭
관리직	1	기록관리관리관(Director of Records and Archives)
	2	기록관리이사관(Deputy Director of Records and Archives)
	3	기록관리부이사관(Assistant Director of Records and Archives)
	4	기록관리서기관(Records and Archives Officer)
	5	기록관리사무관(Assistant Records and Archives Officer)
실무직	6	기록관리주사(Records and Archives Supervisor)
	7	기록관리서기(Records and Archives Clerk)
	8	기록관리서기보(Assistant Records and Archives Clerk)

주> 1. 위의 직급 예시에서는 하향식 등급체계를 사용하였다. 일부 국가의 경우에는 상향식 등급체계를 사용하기도 한다. 이러한 경우에는 위의 예시에서 기록관리서기보가 1급이 되게 된다.
  2. 위에 예시된 기록관리직군의 모든 직급은 일반 공무원이 직급체계와 연계시켜 구성할 필요가 있다. 이래야만 특정 국가의 공무원 직급구조 및 호봉체제 내로 기록관리직군을 편입시킬 수 있기 때문이다. 예들 들자면, 위의 1급 기록관리관리관을 일반직 공무원 1급으로 상정하는 것과 같은 방식으로 상호 연계시킬 수 있을 것이다.
  3. 여기서 제시한 직급 명칭은 일반적 용어로, 특정 국가의 공무원 체제에서 사용되는 고유 명칭을 의미하는 것은 아니다. 가령 기록관리관리관(Director of Records and Archives)이란 명칭이 특정 직급을 가리키거나, 위의 예시와는 전혀 다른 의미로 사용되고 있는 국가의 경우에는 다른 용어(가령 Head of Records and Archives Services)를 부여하든지, 아니면 관련 직급을 가리키는 직급명칭(가령 Director General ....)을 사용하면 될 것이다.

6. 기록관리직제내 직급별 책무

　일선기관 문서과에 근무하는 기록관리직에게도 또한 국가기록물관리기구 본부에서 활동하는 기록관리직에게도 각 직급에 맞는 일정 책무가 부여된다. 후자의 관점에서 보자면, 이들의 책무는 크게 현용기록물관리 부문과 영구기록물관리 부문, 그리고 일반 서비스 부문으로 나누어 볼 수 있다.

기록관리서기보(Assistant Records and Archives Clerk)

　이 직급은 기록관리 업무상의 수습과정으로 간주할 수 있다. 기록관리서기보는 경력있는 기록관리서기의 지도 하에 업무를 수련하며, 기록관리주사 내지 기록관리사무관의 지휘, 감독을 따르게 된다.

　문서과에 근무하는 기록관리서기보중 일부는 수발신서기(Despatch Clerk)로서의 역할을 담당하게 된다. 수발신서기로서 이들은 모든 수신문서의 접수·확인, 공개 및 비공개대상의 구분, 접수일자 날인, 접수대장 등록 등의 업무를 처리하며, 최종적으로는 이들 수신문서를 기록관리주사의 결재서류철에 비치하는 역할을 맡게 된다. 또한 이들은 회람 내지 모든 발신문서를 발송함과 더불어, 이들 발신문서를 발신등록대장에 기입하고 발신문서철에 편철하는 업무를 담당한다.

　대부분의 기록관리서기보는 문서과에 배치되어 일정 지도하에 기록관리서기가 담당하게 될 업무를 처리하는 것이 일반적이다. 배치 초기에는 주로 일상적으로 반복되는 단순업무를 처리하지만, 일정 수습과정을 경과한 후에는 점차적으로 복잡한 업무를 담당하게 되며, 이러한 과정을 거쳐 기록관리직으로서의 경력 및 업무능력을 쌓아가게 된다.

　영구기록물 관리분야에서 근무하는 기록관리서기보의 경우에는 문서상자의 편성 및 파일 정리, 기록물 검색, 열람신청서의 접수 및 열람서비스, 문서의 복사, 서가정리 등의 업무를 담당하게 된다.

한편 현용기록관리부서에서 활동하는 경우에는 업무부서들로부터 접수한 기록물의 목록 초안을 표준에 맞추어 점검한 다음, 기록관리서기 내지 기록관리주사의 책임하에 레코드센터 내지 영구기록보존소로 이관될 기록물의 이관목록을 마련한다.

기록관리서기(Records and Archives Clerk)

문서과에 근무하는 기록관리서기는 수신문서의 접수 및 분류, 파일링 업무에 대한 책임을 담당할 뿐만 아니라 필요시 신규 파일을 생성시키기도 하며, 수신문서대장에 수신문서의 세부 내역을 기재한다. 또한 수신문서를 각 처리담당자에게 배부하며 이를 기록물배부대장에 기재함과 아울러, 문서과로 회송되는 모든 파일을 배부대장에 표기하며 해당 사안의 처리가 완료되었는지 여부를 점검하게 된다. 만일 특정 사안이 미해결되었거나 이월되었을 경우에는 해당 파일을 다시 회부하게 된다. 이러한 업무들과 더불어 정기적인 파일 통계, 레코드센터로 이관될 준현용파일의 색출 및 발송, 수신서류함 관리 등을 담당하게 된다.

영구기록물 관리 분야에서 활동하는 기록관리서기는 연구자 및 기타 기록물이용자 영접 및 요청기록물 검색, 열람신청서의 처리, 기한 만료된 레코드센터로의 대여기록물 확인, 열람기록물 및 파일상자의 안전보호, 파일상자 편성목록의 작성, 그리고 열람실 및 보존서고의 정리정돈 등의 업무를 담당하게 된다. 아울러 기록물의 보존처리 분야 관련기술을 지닌 자들은 기록물의 수선처리 내지 기초단계의 기록물 복원 업무를 맡는 경우도 있다.

현용기록관리부서에 배치된 기록관리서기의 경우에는, 일선 부서들로부터 이관될 예정인 기록물의 목록을 관련 표준에 맞추어 점검함과 아울러, 레코드센터 내지 영구기록보존소로 송부될 기록물의 이관목록을 준비하게 된다.

기록관리주사(Records and Archives Supervisor)

문서과에 근무하는 기록관리주사는 부하 직원에게 업무를 배분하며, 수신문서들이 신속하면서도 정확하게 편철되도록 감독한다. 또한 문서과내의 업무절차들이 순조롭게 이루어지도록 관리하며, 각종 표준들이 제대로 준수될 수 있도록 감시한다. 그리고 파일 표제 및 색인어휘를 승인함과 아울러, 신규 어휘의 생성시 기관 차원의 시소러스 리스트에 삽입될 수 있도록 기록관리사무관, 기록관리서기관 등의 상급자에게 승인을 받는다. 기록관리주사는 휘하 직원들에게 기록관리 업무상의 지도 및 자문뿐만 아니라 정기적으로 실무교육을 시행하기도 하며, 신규 정책 내지 케이스 파일(case file)의 분류에 참여하거나 일반적인 파일링을 지원하기도 한다. 이들은 일반 시민들로부터의 각종 질문사항에 응답하고, 일선 실무자가 필요로 하는 정보들에 대해 정기적으로 협의, 자문을 제공한다. 마지막으로 기록관리에 필요한 충분한 비품확보를 책임지며, 파일보관 및 레코드센터로의 이관 내지 처분을 담당하게 된다.

기록보존기관에서 활동하는 기록관리주사는 열람서비스의 감독, 기록관리서기보 및 기록관리서기의 일상 업무에 대한 관리, 그리고 파일 및 개별 기록물에 대한 접근성 유지·목록화·보관·검색상의 책임을 담당한다. 또한 이들은 레코드센터로부터의 기록물 대여·반환관리, 기록관리기관 방문 및 기록물 이용 빈도에 대한 통계관리, 연구 내지 기타 참고목적의 공개열람 청구에 대한 회신을 책임지며, 기록보존소 방문객들에 대한 보유기록물 현황 소개, 편찬업무 및 연구지원, 검색도구 준비과정의 지휘 등을 담당하게 된다.

현용기록관리부서에 배치된 기록관리주사는 일선 업무담당자들에게 기록관리와 관련된 제반 문제들에 대해 지도·자문해 주며, 기록물 실물의 이관 전 기록물의 정리상태를 점검하는 역할을 담당한다. 그리고 목록 및 검색도구들이 포맷 내지 레이아웃상의 일반 표준들을 준수하였는지 여부와 더불어 교정·보완이 필요한 부분을 점검할 책임을 지닌다.

기록관리사무관(Assistant Records and Archives Officer)

현용기록관리부서에 근무하는 기록관리사무관은 아래에 제시된 책무를 수행함으로써 기록관리서기관을 보필하게 되며, 파일링시스템 및 기타 기록관리상의 기술적 사항에 대해 상급자에게 조언하는 역할을 담당한다.

기록보존기관의 기록관리사무관은 고난이도의 기록물 검색 및 보다 정교한 검색도구의 마련 및 보완, 그리고 국립기록보존소의 가이드 업데이트를 담당한다. 또한 이들은 열람서비스 부서에 대한 감시·감독, 영구보존 부문에 대한 보다 높은 차원의 일상적 관리 책임을 맡으며, 수리복원 분야의 교육을 이수한 자의 경우에는 영구기록물의 수리복원 업무 역시 담당할 수 있다.

소규모 기관에 근무하는 기록관리사무관은 기관내 기록관리자로서의 역할을 담당하게 되며, 일반직 중 선정된 고위관리자 휘하에서 현용기록 및 기타 정보 관리에 대한 책임을 지니게 된다. 이들은 소속 기관내 기록관리 관련 각종 표준의 운영, 파일관리, 기록관리 업무 조정 및 순조로운 운영상의 책임을 담당하며 이를 상급자에게 보고해야 할 책무를 지닌다. 아울러 소속 기관 문서과내 직원의 배치·조정, 준현용기록물의 레코드센터로의 이관 내지 처리일정표에 따른 처리, 직원에 대한 교육훈련 및 업무상의 자문 실시, 기록관리 업무상의 각종 기술적 문제 해결을 담당하며, 국가기록물관리위원회와 긴밀한 협력관계를 유지해야 할 책임을 지니게 된다.

기록관리서기관(Records and Archives Officer)

기록관리서기관은 실·국 단위 및 중형 규모 이상의 기관에 배치된다.

현용기록관리 부서에 근무하는 기록관리서기관은 기관내 모든 문서과에 대한 감시·감독을 통해 파일 보관 및 검색 등 기록관리업무가 순조롭게 운영되도록 하는 책임을 지닌다. 또한 신규 생성 파일을 면밀히 검토한 후 신규 색인어휘를 기관의 시소러스 목록에 추가시키거나 수정하는 역할을 담당하며, 아울러 기록관리시스템의 운영, 기록물 보관상의 정리정돈, 처리일정표의 준수 여부에 대해 감시하는 책임을 맡는다. 그리고 레코드센터로의 기록물 이관을 승인함과 더불어 이관시 레코드센터와 긴밀한 협조관계를 유지하는 책무를 담당하게 된다.

기록보존기관에서 활동하는 기록관리서기관은 주로 레코드센터, 영구기록 보존관리부서, 이용서비스부서, 영구기록 기술(description)부서, 기술지원 부서의 관리 및 운영을 담당하게 된다.

대형 내지 중형급 기관에 근무하는 기록관리서기관의 경우에는 기관의 장 휘하에서 현용기록 및 기타 정보 관리에 대한 책임을 지니게 된다. 이들은 소속 기관내 기록관리 관련 각종 표준의 운영, 파일관리, 기록관리 업무 조정 및 순조로운 운영상의 책임을 담당하며 이를 기관의 장에게 보고해야 할 책무를 지닌다. 아울러 소속 기관 문서과내 직원의 배치·조정, 준현용기록물의 레코드센터로의 이관 내지 처리일정표에 따른 처리, 직원에 대한 교육훈련 및 업무상의 자문 실시, 기록관리 업무상의 각종 기술적 문제 해결을 담당하며, 국가기록물관리위원회와 긴밀한 협력관계를 유지해야 할 책임을 지니게 된다.

기록관리부이사관(Assistant Director of Records and Archives)

지역마다의 분소를 보유하고 있는 대규모 기관의 경우, 기록관리부이사관은 기관의 장 휘하에서 기관 전체의 현용기록 및 기타 정보 관리에 대한 책무와 더불어, 국가기록물관리위원회와 긴밀한 협력관계를 유지해야 할 책임을 지닌다.

실·국 단위의 장급으로서, 기록관리부이사관은 국가기록관리 전반의 인력운용 계획을 담당하게 되며, 아울러 소속 기관 내부에 대한 책무로써 재무행정, 인사관리, 교육훈련 제도 총괄 및 제반 지원업무에 대한 책임을 담당하게 된다.

기록관리이사관(Deputy Director of Records and Archives)

현용기록관리 부문의 장으로서 기록관리이사관은, 직원의 양성, 현용기록관리시스템의 개발 및 운영·감시, 부·처별 시소러스 목록의 점검 등 공공기관을 가로지르는 현용기록관리 전반에 대한 책임을 맡는다. 또한 관련 부서와의 협의 하에, 문서과의 인력 배치 및 교육훈련 문제에 대한 책임과 더불어, 신규파일 시리즈의 승인 및 색인 어휘의 검토, 기록관리시스템의 운영, 기록물 보관상의 정리·정돈, 처리일정표의 준수 여부에 대해 감시하는 책임을 담당하게 된다. 그리고 정책지침을 토대로 각 부서간의 유기적 업무체제를 수립하며, 레코드센터로의 기록물 이관에 대해 기록보존소의 장과 긴밀한 협력관계를 유지해야 하는 책무를 지닌다. 한편 국가기록물관리위원회의 장인 기록관리관리관 부재시 그 대행 역할을 수행하기도 한다.

영구기록관리 부문의 장으로서 기록관리이사관은 레코드센터 및 기록보존소의 운영을 관장하며, 이관되어 온 기록물과 그 목록을 관리함과 더불어 현 기록물 처리정책의 수행에 대한 책임을 담당한다. 또한 이용서비스 전반 및 이용자 등록, 외부 연구자들의 요구사항 등에 효율적으로 대응해야 하며, 아울러 레코드센터로의 이관기한이 지난 기록물에 대해서도 효과적으로 처리해야 한다. 그리고 기록물 편찬기능과 함께 준현용기록물의 레코드센터로의 이관을 위해 현용기록관리 부문의 장과 긴밀한 협력관계를 유지해야 한다. 또한 정책지침을 토대로 각 부서간의 유기적 업무체제를 수립·운영하며, 휘하 직원에 대한 실무교육을 실시하는 역할 역시 수행하게 된다. 한편 국가기록물관리위원회의 장인 기록관리관리관 부재시 그 대행 역할을 수행하기도 한다.

기록관리관리관(Director of Records and Archives)

기록관리직군의 수반이자 국가기록물관리위원회의 장인 기록관리관리관은, 이상적인 형태라면 국가의 수반 내지 소속 부·처의 장에게 보고하는 체제를 갖추어야 한다. 기록관리관리관은 관계 법령을 근거로 부여된 모든 권한을 행사하며, 국가기록물관리위원회를 총괄하는 책임을 지니게 된다. 기록관리관리관은 기록물의 라이프사이클을 아우르는 모든 단계의 기록관리에 연관된 정책을 수립함과 아울러, 현용 및 준현용, 비현용단계에 부합하는 관리조치를 수행해야 한다. 그리고 국가기록관리를 위한 각종 표준 수립 및 고도의 이용서비스 제공을 위한 절차들을 마련해야 하며, 기록관리기관에 대한 정기적인 방문 및 조사 등을 통해 서비스의 질적 제고를 도모해야 한다. 또한 효율적인 기록관리시스템 운영을 위한 기록관리직원들의 관리 및 교육훈련 시행과 함께 국가기록물관리위원회의 예산 수립을 담당하며, 국가기록물관리자문위원회의 자문을 요구할 권한을 지닌다.

7. 지원 자격 및 경력 요건

기록관리서기보

신입직
이 직급으로 임용을 원하는 자는, 영어 및 수학과목을 포함하여 최소 GCE(General Certificate of Education) O등급 4과목을 통과하거나, 이와 동등한 학력소지자이어야 한다.

기록관리서기

신입직
이 직급으로 임용을 원하는 자는 5과목의 GCE를 통과해야 하며, 이중 최소 2과목 이상이 A등급이어야 한다.

경력직
기록관리서기보로 최소 3년 이상의 경력을 지닌 자 중, 최근년도 업무성취도 평가에서 승진대상으로 분류된 후 소정의 교육과정을 이수한 자이어야 한다.

기록관리주사

경력직
기록관리서기로 최소 3년 이상의 경력을 지닌 자 중, 최근년도 업무성취도 평가에서 승진대상으로 분류된 후 소정의 교육과정을 이수한 자이어야 한다.

기록관리사무관(비학위 전문가 과정)

신입직

이 직급으로 임용을 원하는 자는 정식 교육훈련기관으로부터 기록관리분야의 디플로마(Diploma)를 획득한 자이어야 한다.

경력직

기록관리주사로 최소 3년 이상의 경력을 지닌 자 중, 최근년도 업무성취도 평가에서 승진대상으로 분류된 후 소정의 교육과정을 이수한 자이어야 한다.

기록관리서기관(학위 과정)

신입직

이 직급으로 임용을 원하는 자는 정규 대학교에서 학사학위를 취득한 후 기록관리학 분야의 대학원 교육과정을 이수해야 한다.

경력직

기록관리사무관으로 최소 4년 이상의 경력을 지닌 자 중, 최근년도 업무성취도 평가에서 승진대상으로 분류된 후 소정의 교육과정을 이수한 자이어야 한다.

기록관리부이사관

기록관리서기관으로 최소 4년 이상의 경력을 지닌 자 중, 최근년도 업무성취도 평가에서 승진대상으로 분류된 자이어야 한다. 또한 기록관리학 분야의 대학원 과정을 이수해야 한다.

기록관리이사관

기록관리부이사관으로 최소 4년 이상의 경력을 지닌 자 중, 최근년도 업무성취도 평가에서 승진대상으로 분류된 자이어야 한다. 또한 기록관리 분야의 전문교육훈련 과정을 수료해야 한다.

기록관리관리관

이 직급은 일반적으로 중앙인사위원회(Public Service Commission)의 추천을 받아 행정부의 수반에 의해 임명된다.

8. 기록관리직군을 위한 교육훈련

기록관리직군의 교육훈련은 자국 내에서, 각급 기관 내지 공무원교육훈련원(Civil Service Training Centre)이나 대학과 같은 공인된 교육훈련기관에서 이루어져야 한다. 자국 내에서 시행하기 어려운 전문교육 과정은 해외 연수를 통해 실시될 수도 있는데, 이 경우에는 교육상의 필요성 및 교육대상자의 자질을 고려하며 인사 내지 교육 관련 부처와의 협의 속에 수행되어야 한다.

특정 교육훈련 과정의 수료가 곧바로 승진으로 이어질 필요는 없으며, 교육훈련 과정을 성공적으로 수료할 경우 승진 절차상의 참고자료로 삼을 수는 있을 것이다. 또한 교육훈련은 참가자들을 영업분야나 산업현장 내지 기타 공공영역 등 생소한 환경에 투입시킴으로써 각 개인의 업무능력을 강화시키는 방향으로 수행될 필요가 있다. 또한 모든 참가자는 기본적인 소양교육을 받게 될 것이다.

기록관리서기보

문서과 및 기록보존소에서의 기본 업무지식과 실무 교육을 기관 자체 및 공무원교육훈련원과 같은 교육기관에서 받게 된다. 이후의 교육은 근무 현장에서의 실무훈련 중심으로 될 것이다.

기록관리서기

신입직은 기관 자체 및 공무원교육훈련원과 같은 교육기관에서 기본 업무지식과 더불어, 기록관리 업무에 관한 기초훈련을 받게 된다. 기타 교육은 근무 현장에서의 실무훈련 중심으로 될 것이다.

기록관리주사

기록관리주사는 공무원교육훈련원과 같은 교육기관에서 기술교육과 더불어 관리자로서의 소양교육을 받게 된다.

기록관리사무관

대학교나 행정연구원과 같은 기관에서 전문가 및 관리자로서의 훈련을 받게 될 것이다. 또한 승진예정자는 국내 또는 해외의 기록관리워크숍에 참가할 수도 있다.

기록관리서기관

이 직급에 해당하는 대부분의 공무원은 대학교나 행정연구원과 같은 기관에서 전문가 및 관리자로서의 훈련을 받게 된다. 개인적 능력 및 업무상의 필요도에 기초하여, 기록관리서기관 중의 일부는 해외에서 선진적인 교육훈련을 받게 된다. 또한 기록관리서기관은 국내 또는 해외에서 개최되는 기록관리워크숍에 참가할 수도 있다.

기록관리부이사관

이 직급으로의 승진예정자는 지속적인 업무능력의 개발에 필요한 전문가 및 관리자로서의 교육훈련을 받게 된다.

기록관리이사관

이 직급으로의 승진예정자는 대학교나 행정연구원과 같은 기관에서 고위관리자 과정을 이수하게 된다. 또한 단기 워크숍 등에도 참여할 수 있다.

기록관리관리관

이 직급으로의 승진예정자는 고위관리자로서의 자질 향상 및 기록관리 분야의 동향 파악을 위해, 각종 세미나나 컨퍼런스, 워크숍에 참여하게 된다.

부록 1

ICA 윤리강령
International Council on Archives: Code of Ethics

윤리강령 전문

A. 아키비스트 윤리강령은 기록관리 전문직에 적합한 최선의 행위규범을 정립해 주어야 한다. 또한 윤리강령은 신규 기록관리 전문직에게는 전문가로서 준수해야 할 행위규범을 안내해 주어야 하고, 경력이 풍부한 아키비스트에게는 전문직으로서의 책임을 상기시켜 주어야 하며, 아울러 기록관리 전문직에 대한 국민적 신뢰를 제고시킬 수 있어야 한다.

B. 본 강령에서 아키비스트라 함은 영구기록물의 통제 및 보호, 보존, 기록보존소의 운영과 관련된 모든 자들을 망라한다.

C. 아키비스트를 채용한 기관 및 기록보존소는 본 강령의 실행을 촉진시킬 수 있는 정책 및 실무방침을 수립토록 해야 한다.

D. 본 강령은 기록관리 전문직에게 윤리적 규범을 제공코자 마련된 것으로, 특정 문제에 대한 해결책 제공을 목적으로 한 것은 아니다.

E. 본 아키비스트 윤리강령은 윤리상의 원칙과 함께 이에 대한 주석으로 구성되어 있다.

F. 본 윤리강령은 기록보존기관 및 관련 전문단체의 실천 의지에 달려 있다. 즉 본 윤리강령의 준수를 위해서는 교육훈련과 더불어, 강령에 대한 세부적인 안내를 제공하고 비윤리적 행위를 조사하며, 필요시 일정 제제를 가하는 장치를 수립할 수 있다.

아키비스트 윤리강령

1. 아키비스트는 기록물의 무결성을 보호해야 하며, 이를 통해 과거에 대한 신뢰할만한 증거로서 유지될 수 있도록 한다.

   아키비스트의 본원적 임무는 자신의 보존책임 하에 있는 기록물의 무결성을 유지시키는 것이다. 이러한 의무를 달성하기 위해 아키비스트는 고용주, 소유권자, 자료의 대상자 및 이용자의 과거·현재·미래를 아우르는 합법적인 권리와 이익을 존중해야 한다. 객관성(Objectivity) 및 공평성(Impartiality)은 전문직으로서의 자격을 가늠하는 척도라 할 수 있다. 아키비스트는 사실을 은폐하거나 왜곡시키기 위해 증거를 조작하려는 어떠한 외압에도 흔들림 없어야 한다.

2. 아키비스트는 행정적, 법률적, 역사적 맥락에서 기록물을 평가선별·보존해야 한다. 물론 이를 수행할 시 출처의 원리를 준수함과 아울러, 기록물간의 본원적 상관관계를 유지시켜야 한다.

   아키비스트는 널리 인정되는 기록관리 원리 및 방법론에 따라 업무를 수행해야 한다. 이키비스트는 현용 및 준형용기록물의 생산·유지·처분, 영구기록물의 선별·수집·보존·보존처리, 그리고 기록물의 활용성 제고를 위한 정리 및 기술·편찬 업무 수행시, 전문적인 기록관리의 제 원리에 따라 스스로의 의무와 직능을 수행토록 해야 한다. 아키비스트는 소속기관의 목표 및 수집정책에 대한 철저한 이해를 바탕으로 기록물을 공정하게 평가해야 한다. 아키비스트는 가용자원이 허락되는 한 가능한 한 신속하게, 기록관리의 근본원리(출처주의, 원질서원칙 등) 및 관련 표준을 반영하며, 영구 보존대상으로 선별된 기록물을 정리·기술해야 한다. 아키비스트를 소속 기관의 목표 및 가용자원을 신중히 고려하며 기록물을 수집해야 한다. 기록물의 무결성 내지 안전성에 위협이 있는 경우 수집을 추진해서는 안 된다. 아키비스트는 기록물이 최적의 보존소에 보존될 수 있도록 서로 협력해야 하며, 또한 잘못 이관된 경우에는 해당 기록물의 송환에도 상호 협력해야 한다.

3. 아키비스트는 기록관리 및 보존, 활용 과정 중 기록물의 진본성(Authenticity)을 보호해야 한다.

아키비스트는 기록물의 평가·정리·기술·보존·이용 업무 수행 중 기록물이 지닌 보존가치가 훼손되지 않도록 보호해야 한다. 어떠한 샘플링 작업도 반드시 신중하게 고안된 방법론 및 기준에 근거해 수행되어야 한다. 원본의 대체보존 작업은 기록물이 지닌 법률적 가치, 내재적 가치 및 정보적 가치의 관점에서 수행되어야 한다. 접근제한 기록물을 파일로부터 일시적으로 분리시킨 경우에는 이용자가 이러한 사실을 알 수 있도록 해야 한다.

4. 아키비스트는 기록물의 지속적인 접근성 및 이해성을 유지시켜야 한다.

아키비스트는 기록물을 생산·축적한 개인 내지 단체의 활동에 관한 증거를 남기기 위해 보존대상 내지 폐기대상을 우선적으로 선별해야 하는데, 이와 동시에 기록물이 지닌 연구적 필요 역시 변화한다는 점을 명심해야 한다. 아키비스트는 아무리 흥미로운 내용을 담고 있는 기록물이라 할지라도, 모호한 출처를 지닌 문서의 획득에는 비합법적인 거래가 뒤따를 수 있음을 인식해야 한다. 아키비스트는 기록물의 절도용의자의 체포·기소시 타 아키비스트 및 사법당국과 협력해야 한다.

5. 아키비스트는 영구기록물에 대한 관리행위를 반드시 기록하고 정당화할 수 있어야 한다.

아키비스트는 기록물의 전 라이프사이클을 아우르는 적절한 레코드키핑이 수행될 수 있도록 독려해야 하며, 새로운 기록유형 및 정보의 관리를 위해 기록물 생산자와 협력해야 한다. 아키비스트는 기 생산된 기록물의 수집에 관심을 기울여야 할 뿐만 아니라, 가치있는 기록물의 보존을 위해 현행 정보·기록관리시스템이 초기 단계부터 적절한 관리절차를 포함할 수 있도록 만들어야 한다. 아키비스트는 기록물 이관 담당자나 기록물 소유자와 협의시, 이관·기증·매각의 권한, 예산마련과 이율, 처리계획, 저작권과 이용조건 등의 요소를 신중히 고려하여 합당한 결정을 내려야 한다. 아키비스트는 기록물의 평가 및 보존처리 등 영구기록물의 보존과 관련된 모든 사항들을 기록으로 남겨 이를 영구 보존해야 한다.

6. 아키비스트는 영구기록물의 활용을 극대화시키도록 노력해야 하며, 아울러 모든 이용자에게 공평한 서비스를 제공해야 한다.

아키비스트는 소장기록물 대한 일반 검색도구 및 특별 검색도구를 마련토록 해야 한다. 아키비스트는 모든 이용자에게 공평한 조언을 제공해야 하며, 균형있는 서비스 제공을 위해 모든 가용 자원을 동원해야 한다. 아키비스트는 소장기록물에 대한 이용자들의 문의에 대한 친절하면서도 도움을 주려는 마음가짐으로 응답해야 하며, 기관의 정책 및 관련 법령, 소장 기록물의 보존, 개인의 권리, 기증자와의 협약 등에 어긋나지 않는 범위 내에서, 소장기록물의 이용성을 극대화시킬 수 있는 방안을 마련해야 한다. 아키비스트는 기록물 이용자에게 이용상의 제약사항을 공지해 주어야 하며, 또한 이용상의 제약조치가 부과되지 않도록 해야 하지만, 수집을 위해 부과된 한정된 기간동안의 이용제약 조치는 용인하거나 스스로 내릴 수도 있다. 아키비스트는 기록물의 수집 당시에 체결된 모든 협약을 준수함과 아울러 공평하게 적용해야 한다. 그러나 환경적 요인들의 변화시에는 기록물의 자유로운 이용을 보장위해 이용조건을 재조정해야 한다.

7. 아키비스트는 기록물의 이용 및 기록물에 수록된 사적 정보를 동시에 존중해야 하며, 관계 법령의 범위 내에서 업무를 수행해야 한다.

아키비스트는 국가안보를 보호하는 것과 마찬가지로, 단체 내지 개인의 사적 정보를 훼손없이 보호해야 한다. 특히 내용의 수정이나 삭제가 용이한 전자기록물의 경우 더욱 그러하다. 아키비스트는 기록물을 생산했거나 기록물 내용상의 핵심 인물인 경우, 특히 해당 기록물에 대해 어떠한 권한도 지니고 있지 않은 내용상의 인물일 경우, 해당 개인의 사적 권리가 존중될 수 있도록 최선을 다해야 한다.

8. 아키비스트는 자신에게 주어진 특별한 신뢰를 일반 대중의 이이기을 위해 사용해야 하며, 자기 스스로나 타자의 개인적 이익을 위해 자신의 권한을 이용해서는 안된다.

아키비스트는 전문직으로서의 고결성 및 객관성, 공평성을 해치는 행위를 해서는 안된다. 아키비스트는 금전적이거나 개인적 이익을 위해 소속 기관이나 이용자, 동료들에게 피해를 주어서는 안되며, 아울러 개인적 목적을 위해 원본기록물을 수집하거나 기록물의 상거래 행위에도 참여해서는 안된다. 아키비스트는 권익을 위한 갈등으로 비칠 수 있는 행위 역시 삼가야 한다. 아키비스트는 소속기관의 소장기록물을 개인적인 연구 및 출판을 위해 사용할 수는 있지만, 동일한 소장기록물을 이용하는 타자와 동일한 조건에서 이루어져야만 한다. 아키비스트는 이용제한 기록물의 처리 중 얻게 된 정보를 누설하거나 이용해서는 안된다. 아키비스트 자신의 개인적 연구 내지 출판이, 아키비스트로서의 본연의 책무 내지 고용자로서의 책무 수행에 앞서서는 안된다. 아키비스트는 소속기관의 소장기록물을 이용할 경우, 소속기관의 장 명의와 타 연구자에 대한 통보없이, 타 연구자의 검색 정보를 사용해서는 안된다. 아키비스트는 소속기관 소장기록물을 근간으로 한 연구성과 및 타 연구자의 연구성과에 대한 논평 활동에 참여할 수 있다. 아키비스트는 기록관리 영역 외부의 사람들이 자신의 업무 및 책무와 관련하여 부당하게 관여할 여기를 남겨서는 안된다.

9. 아키비스트는 기록관리 영역의 전문적 지식을 연마함과 더불어 지식 및 경험을 공유함으로써, 끊임없이 체계적으로 스스로의 전문성을 개발시켜야 한다.

아키비스트는 스스로의 전문적 식견 및 자질을 개발함과 아울러 학문적 발전에 기여해야 하며, 자신들로부터 지도 및 훈련을 받는 자들이 주어진 책무를 수행할 수 있는 자질을 갖출 수 있도록 최선을 다해야 한다.

10. 아키비스트는 기록관리직 공동체 및 기타 전문직 종사자들과의 협력을 통해, 세계 기록문화유산의 보존 및 이용을 촉진시켜야 한다.

아키비스트는 동료 아키비스트들과의 갈등을 피하고 협력을 증진시킴과 더불어, 기록관리상의 표준 및 윤리를 장려하는 방식으로 문제해결을 모색해야 한다. 아키비스트는 상호 존중 및 이해를 기반으로 관련 전문직들과 협력해야 한다.

부록 2

미국 SAA 윤리강령
A Code of Ethics for Archivists

아키비스트는 소속기관이나 일반 시민에 대해 지속적인 가치를 지닌 기록물을 선별·보존함과 더불어, 이들 기록물의 활용성을 창출시킨다. 아키비스트는 관련 법령이나 기관의 정책에 근거하여 자신의 책임을 수행한다. 아키비스트는 건전한 기록관리의 원리에 토대를 둔 윤리강령을 수용함과 아울러, 이러한 윤리강령 및 기록관리 표준을 소속기관 및 관련 전문가들이 준수하도록 노력한다.

아키비스트는 소속 기관의 목표 및 정책, 가용재원에 입각해 장기적 보존 가치를 지닌 기록물을 이관·수집한다. 아키비스트는 중요 기록물의 수집시 기록물의 통합성(Integrity)과 안전성에 위해가 될 경우에는 서로 경쟁해서는 안되며, 기록보존소가 이미 설립된 기관의 기록물을 수집하려 해서도 안된다. 아키비스트는 기록물을 적절하게 처리하고 효과적으로 활용할 수 있는 기록보존소에 기록물이 보존될 수 있도록 협력한다.

장기적 가치를 지닌 기록물의 이관담당자 내지 소유권자와 협의하는 아키비스트는, 이관·기증·매매에 관한 권한을 신중히 고려하는 가운데 공정한 결정을 내리도록 한다. 그것은 곧 예산 마련 및 이율, 저작권, 기록물 처리 계획, 이용 조건 등과 관련된 사항이다. 아키비스트는 기록물의 수집시 이해하기 힘든 접근 및 이용상의 제약에 낙담하게 된다. 하지만 이는 한정된 복본에 따른 수집상의 제약조건임과 아울러 개인의 소유권 보호 일환으로 받아들여야 한다. 아키비스트는 이관 내지 수집시에 작성된 동의서를 준수토록 한다.

아키비스트는 기록물에 대한 내부적 통제 및 이용자의 접근을 촉진시킬 수 있는 검색도구 내지 가이드를 생성시킴으로써, 소장기록물에 대한 지적 통제를 실시한다.

아키비스트는 소속기관의 행정적 필요 내지 수집정책에 대한 철저한 지식을 기반으로 한 공정한 판단을 통해, 장기적 보존가치를 지닌 기록물을 평가한다. 아키비스트는 기록물의 진본성(Authenticity)을 보호하기 위해 자신의 관할로 이관된 기록물 및 정보를 정리상태를 유지·보호한다. 아키비스트는 훼손, 변조, 망실 및 물리적 손상으로부터 기록물을 지킴으로써 자신의 관할에 있는 장기적 보존가치를 지닌 기록물의 무결성을 보호함과 아울러, 그 증거 가치가 정리·기술·보존·활용 과정에서 감소하지 않도록 한다. 아키비스트는 기록물 관련 범법자를 체포하거나 기소할 시 타 아키비스트 및 법집행 기관과 협력한다.

아키비스트는 기록물을 생산했거나 기록물 내용상의 핵심 인물인 경우, 특히 해당 기록물에 대해 어떠한 권한도 지니고 있지 않은 내용상의 인물일 경우, 해당 개인의 사적 권리가 존중될 수 있도록 최선을 다한다. 아키비스트는 접근 제한된 기록물로부터 얻은 정보를 공개하거나 기타 목적으로 이익을 취해서는 안된다.

아키비스트는 소장 기록물에 대한 합당한 질의 및 열람요청에 대하여 도움을 주려는 마음으로 공손하게 임하며, 기관의 정책이나 소장물의 보존, 법적 문제, 개인의 권리, 기증자의 동의, 기록물의 합법적 이용에 어긋나지 않는 한 최대한으로 기록물의 이용을 권장시킨다.

아키비스트는 동일 자료를 이용하여 연구를 진행하고 있는 다른 연구자를 이용자에게 알려주도록 한다. 해당 연구자가 동의할 경우 그 성명도 제공토록 한다.

학계의 일원으로서 아키비스트는, 연구·출판 및 타 연구자의 저술에 대한 평론활동에 참여할 수 있다. 소속기관의 소장기록물을 개인적 연구 내지 출판을 위해 사용하는 아키비스트는, 이러한 사실을 소속기관의 장과 더불어 동일한 기록물을 활용하는 이용자들에게도 알려야 한다. 개인적으로 기록물을 수집하는 아키비스트는 소속기관의 수집활동과 경쟁상황에 있어서는 안되며, 소속기관의 장에게 자신의 수집활동을 보고해야 한다. 또한 개인적인 수집 및 매입활동 전반을 상세히 문서화시키도록 한다.

아키비스트는 타 아키비스트 내지 기관에 대한 무책임한 비판을 삼가도록 한다. 전문가로서의 행위 또는 윤리적 행위에 관해 해당 개인이나 기관, 전문 기록보존기관에 대해 비평을 할 수 있다.

아키비스트는 전문가협회 참여 내지 협력 활동을 통해 타 아키비스트들과 지식 및 경험을 공유하며, 아직 훈련이나 교육이 미숙한 자들이 전문가로 성장할 수 있도록 도와준다. 아키비스트는 전문직 윤리에 따라 최선의 실무를 위한 표준에 대해 숙지해야 하며, 소속기관의 운영이나 컬렉션 관리에서 최고 수준을 추구해야 한다. 아키비스트는 협력의 필요성을 인식함과 아울러 전문적 표준 및 실무의 개발·보급을 촉진시키는, 전문직으로서의 책임을 담당한다.

아키비스트는 소속기관 및 전문가로서의 직업에 최대한 기여토록 하고, 기록관리 표준 및 윤리를 준수토록 촉진시킴으로써 모든 불협화음이 해소될 수 있도록 노력한다.

미국 아키비스트협회(Society of American Archivists)
1997년 1월 22일 개정

캐나다 ACA 아키비스트 윤리강령
A Code of Ethics for Archivists in Canada

원리

Ⅰ. 아키비스트는 현재의 이용자 및 미래 세대를 위해, 기록물이 지닌 논리적 무결성 및 물리적 보존성을 보호하며, 평가·수집·보존함과 더불어 이들 기록물의 활용성을 창출시킨다.

Ⅱ. 아키비스트는 인종이나 민족, 국가, 지역, 피부색, 성별, 연령, 정신적·신체적 장애에 따른 차별 없이, 이러한 활동들을 수행한다.

Ⅲ. 아키비스트는 개인의 사생활 및 비밀보호와 더불어 기록물의 보존성을 신중히 고려한 가운데, 소장기록물의 이용성을 극대화시키기 위해 최선을 다한다.

Ⅳ. 아키비스트는 업무수행상의 가장 바람직한 표준을 준수하기 위해 노력하는 가운데, 기록관리 상의 원리 및 방법론에 따라 자신들의 의무 수행을 위해 최선을 다한다.

Ⅴ. 아키비스트는 개인적 지식 및 기술 개발을 통해, 또한 관련 전문가와의 경험 및 정보 공유를 바탕으로 기록학의 학문적 발전에 기여한다.

Ⅵ. 아키비스트는 자신들의 전문적 지식 및 경험을 전체 사회의 공익을 위해 활용한다.

원리의 적용

A. 평가M 선별 및 수집

A1. 아키비스트는 소속 기관의 사명 및 재원을 고려하며 기록물을 평가·선별·수집한다. 이러한 활동들은 퐁의 통합성(Integrity of the Fonds)을 고려하며 수행되어야 하며, 더불어 이러한 활동과 관련된 사항들을 문서화시킨다.

A2. 아키비스트는 기록물의 안전에 위협을 주는 수집상의 경쟁을 하지 않는다. 기록물이 최적의 기록 보존소에 보존될 수 있도록 서로 간에 협력한다.

A3. 아키비스트는 기록물의 수집시, 양도·기증·구매 여부 및 수집을 위한 재원 확보 여부, 그리고 처리계획 및 저작권 상황, 접근 조건 등을 신중히 고려해야 한다. 아키비스트는 기록물의 수집 시 이해하기 힘든 접근 및 이용상의 제약에 낙담하게 된다. 하지만 이는 한정된 복본에 따른 수집상의 제약조건임과 아울러 개인의 소유권 보호 일환으로 받아들여야 한다. 아키비스트는 이관 내지 수집시에 작성된 동의서를 준수토록 한다.

A4. 아키비스트는 수집기록물의 구매 내지 기증시, 기록물의 공정한 시장가치와 더불어 정부 및 관련 감정기관에서 수립한 감정원칙을 토대로, 해당 기록물이 지닌 금전적 가치 내지 세제혜택을 평가토록 한다.

B. 보존

B1. 아키비스트는 기록물의 물리적 논리적 무결성을 보호하기 위해 최선을 다한다. 아키비스트는 기록물의 보존과 관련하여 취해진 모든 조치들을 문서화시킨다.

B2. 아키비스트는 기록물을 매각할 필요가 있을 경우, 기증자와 접촉하기 위해 최선을 다해 이러한 사실을 공지해야 한다. 아키비스트는 해당 기록물의 폐기에 우선권을 지닌 기록보조노소에 기록물을 제공토록 한다. 아키비스트는 매각과 관련된 모든 의사결정 및 행위들을 문서화시킨다.

C. 활용성 및 이용

C1. 아키비스트는 소장기록물의 접근성 및 활용성을 극대화시키기 위해 모든 소장기록물을 정리하고 기술한다.

C2. 아키비스트는 기록물을 생산했거나 기록물 내용상의 핵심 인물인 경우, 특히 해당 기록물에 대해 어떠한 권한도 지니고 있지 않은 내용상의 인물일 경우, 해당 개인의 권리가 존중될 수 있도록 최선을 다한다. 아키비스트는 접근 제한된 기록물로부터 얻은 정보를 공개하거나 기타 목적으로 이익을 취해서는 안된다.

C3. 아키비스트는 기록물에 부여된 접근 및 활용상의 제약사항을 이용자에게 공지토

록 한다. 아키비스트는 모든 제약조치를 만인에게 공평하게 적용해야 한다.

C4. 아키비스트는 이용자에게 기록물의 저작권 사항에 대해 공지해야 하며, 저작권 소유자로부터 기록물 이용권을 부여받는 것은 이용자의 몫임을 알려야 한다.

C5. 아키비스트는 이용자가 찾고자 하는 정보 및 열람코자 한 기록물과 관련하여 이용자의 사적권리를 보호한다. 아키비스트는 이용자와 동일한 연구주제를 수행하는 연구자가 있을 시, 해당 연구자의 사전적 동의를 얻은 경우에는 이용자에게 이를 알려줄 수 있다.

D. 전문직으로서의 자세

D1. 소속 기관의 소장기록물을 개인적 연구 내지 출판을 위해 사용하는 아키비스트는, 이러한 사실을 소속 기관의 장과 더불어 동일한 기록물을 활용하는 이용자들에게도 알려야 한다. 아키비스트는 개인적 연구를 수행할 경우 소속 기관의 장 명의의 타 연구자에 대한 통보없이, 타 연구자의 검색 정보를 사용해서는 안된다.

D2. 개인적으로 기록물을 수집하는 아키비스트는 소속기관의 수집활동과 경쟁상황에 있어서는 안되며, 업무의 결과로 얻은 독점적 정보를 사용해서도 안된다.

E. 전문지식의 배양

E1. 아키비스트는 동료 아키비스트들과 전문적으로서의 자기개발을 이루어나가기 위해 자신의 지식 및 경험을 공유토록 한다.

E2. 아키비스트는 레코드키핑 환경에 영향을 미치는 사안에 관한 정책결정을 지원하기 위해, 자신들의 전문적 지식 및 경험을 입법권자 내지 정책결정자와 공유토록 한다.

저작권 보호기간 : 1995~1999년
캐나다 아키비스트협회(The Association of Canadian Archivists)
1998년 3월 31일 개정